Oraciones y Guías

Para Jóvenes Católicos

Pf**LAUM**
PUBLISHING GROUP

Dayton, OH • Milwaukee, WI

Editado por Jean Larkin
Diseño de la cubierta por Linda Becker
Ilustración de la cubierta por Shawna J. C. Tenney
Diseño interior por Ellen Wright

Nihil obstat: † Reverendo Monseñor John F.
Murphy, *Censor Librorum*, el 22 de noviembre,
2002.

Imprimatur: Reverendísimo Timothy M. Dolan,
Arzobispo de Milwaukee, el 6 de diciembre, 2002.

Octava edición 2012

Pflaum Publishing Group
2621 Dryden Road, Suite 300
Dayton, OH 45439
pflaum.com

ISBN 978-0-089837-197-0

La Señal de la Cruz

En el nombre del Padre,
y del Hijo,
y del Espíritu Santo.
Amén.

Padre Nuestro

Padre nuestro, que estás en el cielo,
santificado sea tu Nombre;
venga a nosotros tu reino,
hágase tu voluntad
en la tierra como en el cielo.

Danos hoy nuestro pan de cada día,
perdona nuestras ofensas, como
también nosotros perdonamos a los
que nos ofenden; no nos dejes caer
en tentación, y líbranos del mal.
Amén.

Ave María

Dios te salve, María, llena eres de
gracia. El Señor es contigo.
Bendita tú eres entre todas las
mujeres, y bendito es el fruto de tu
vientre, Jesús.

Santa María, Madre de Dios, ruega
por nosotros pecadores, ahora y
en la hora de nuestra muerte.
Amén.

Gloria al Padre

Gloria al Padre, y al Hijo, y al Espíritu
Santo.
Como era en el principio, ahora y
siempre. Amén.

Credo de los Apóstoles

Creo en Dios, Padre todopoderoso, creador del cielo y de la tierra. Creo en Jesucristo, su único Hijo, nuestro Señor; que fue concebido por obra y gracia del Espíritu Santo, nació de la santa María Virgen, padeció bajo el poder de Poncio Pilato, fue crucificado, muerto y sepultado; descendió a los infiernos; al tercer día resucitó de entre los muertos; subió a los cielos y está sentado a la derecha de Dios Padre todopoderoso. Desde allí ha de venir a juzgar a los vivos y a los muertos.

Creo en el Espíritu Santo, en la santa Iglesia católica, la comunión de los santos, el perdón de los pecados, la resurrección de la carne, y la vida eterna. Amén.

Oración de la Mañana

Oh Jesús, por medio del Inmaculado Corazón de María, yo te ofrezco mis oraciones, obras, gozos, y padecimientos de este dia, en unión con el santo Sacrificio de la Misa en todo el mundo.

Los ofrezco por las intenciones de nuestros obispos, y por todos nuestros hermanos, y en particular por aquellas recomendadas por nuestro Santo Padre este mes. Amén.

Oración al Angel Guardián

Angel de Dios, mi amado guardián, cuyo amor me protege. No me desampares ni de noche ni de día. Ilumíname, cuídame y guíama. Amén.

Acto de Fe

Oh, Dios mío, creo firmemente que eres un solo Dios en tres personas divinas, Padre, Hijo y Espíritu Santo. Creo que Jesús se hizo hombre, murió por nosotros, y vendrá a juzgarnos. Creo todas las verdades de la santa Iglesia católica porque ellas nos revelan tu palabra. Amén.

Acto de Esperanza

Oh Dios mío, debido a tu infinita bondad, espero recibir el perdón de mis pecados y pasar la vida eterna en tu amorosa presencia. Amén.

Acto de Caridad

Oh Dios mío, te amo con todo mi corazón y mi alma, porque eres bueno y digno de mi amor. Amo a mi prójimo como a mí mismo, y perdono a todos los que me han ofendido. Pido perdón a cuantos haya ofendido. Amén.

Acto de Contrición

Dios mío, con todo mi corazón me arrepiento de mis pecados. Al elegir el mal y omitir el bien, he pecado contra ti, a quien amo sobre todas las cosas. Propongo firmemente, con la ayuda de tu gracia, hacer penitencia, no volver a pecar y evitar lo que me conduce al pecado. Nuestro salvador Jesucristo sufrió y murió por nosotros. En su Nombre, Señor apiádate de mí. Amén.

Bendición Antes de la Comida

Bendícenos Señor, y bendice estos alimentos que vamos a recibir de tu generosidad, por Cristo, nuestro Señor. Amén.

Bendición Después de la Comida

Te damos gracias, Señor, por estos tus beneficios, los cuales hemos recibido por tu bondad, por nuestro Señor Jesús. Amén.

Memorare

Acuérdate oh piadosísima Virgen María, que jamás se ha oído decir que ninguno de los que han acudido a tu protección, implorado tu asistencia y reclamado tu auxilio, haya sido desamparado.

Animados con esta confianza, a ti también acudimos, oh Virgen y Madre y, aunque afligidos bajo el peso de nuestros pecados, nos atrevemos a presentarnos ante tu presencia soberana. No desdeñes, oh Madre de Dios, nuestras súplicas; antes bien, escúchalas y dignate acogerlas favorablemente. Amén.

Nuestra Señora de Guadalupe

Recuerda, Oh piadosísima Virgen de Guadalupe, que en tus apariciones en el Monte Tepeyac prometiste mostrar piedad y compasión a todos aquellos que te amamos y confiamos en ti, buscando tu ayuda y protección.

Por lo tanto, escucha ahora nuestras súplicas y danos consuelo y alivio. Estamos llenos de esperanza en que, confiados en tu ayuda, nada pueda molestarnos o afectarnos.

Ya que has permanecido con nosotros a través de tu admirable imagen, obtén para nosotros las gracias que estamos necesitando. Amén.

LA SALVE

Dios te salve, Reina y Madre de misericordia, vida y dulzura y esperanza nuestra: Dios te salve.

A ti llamamos los desterrados hijos de Eva; a ti suspiramos, gimiendo y llorando en este valle de lágrimas.

Ea, pues, Señora abogada nuestra, vuelve a nosotros esos tus ojos misericordiosos y, después de este destierro, muéstranos a Jesús, fruto bendito de tu vientre.

¡Oh clemente! ¡oh piadosa! ¡oh dulce Virgen María!

Ruega por nosotros santa Madre de Dios, Para que seamos dignos de alcanzar las promesas de nuestro Señor Jesucristo. Amén.

Oración de San Francisco de Asís

Señor, hazme un instrumento
de tu paz.
Donde haya odio, siembre yo amor;
Donde haya ofensa, perdón;
donde haya duda, fe;
donde haya desaliento, esperanza;
donde haya tristeza, alegría;
donde haya sombras, luz.

¡Oh Divino Maestro,
que no busque ser consolado,
sino consolar;
que no busque ser comprendido,
sino comprender;
que no busque ser amado, sino amar;
porque dando es como recibimos;
perdonando es como Tú nos perdonas;
y muriendo en Ti, es como nacemos a
la vida eterna! Amén.

Como Orar el Rosario

† Hacer el signo de la Cruz con el crucifijo y
rezar el Credo de los Apóstoles.

• Rezar el Padrenuestro en la primera cuenta
grande.

• Rezar un Ave María en las próximas tres
cuentas.

• En la cuenta grande, rezar el Gloria,
anunciar el primer misterio y rezar el
Padrenuestro.

• Rezar un Ave María en las próximas diez
cuentas. Esto completa una década.
(Muchas personas rezan la Oración de
Fátima después de cada década)

• Seguir esta pauta para las siguientes cuatro
décadas, anunciando un misterio en cada
una de las cuentas grandes entre las décadas.

† Terminar haciendo el signo de la cruz con
el crucifijo nuevamente.

Oración de Fátima

Oh Jesús mío, perdona nuestros pecados;
líbranos del fuego del infierno; lleva al
cielo a todas las almas, especialmente las
más necesitadas de tu misericordia. Amén.

Misterios Gozosos (lunes y sábado)
La infancia y la niñez de Jesús

1. María recibe la noticia que será la madre de Jesús.
2. María visita a su prima Isabel.
3. María da a luz a Jesús.
4. El niño Jesús es presentado en el Templo.
5. El niño Jesús es encontrado en el Templo.

Misterios Luminosos (jueves)
El ministerio público de Jesús

1. Jesús es bautizado en el río Jordán.
2. Jesús hace su primer milagro en las bodas de Caná.
3. Jesús proclama el Reino de Dios y nos llama a la conversión.
4. Jesús se transfigura ante Pedro, Juan y Santiago en el Monte Tabor.
5. Jesús instituye la Eucaristía en la Ultima Cena.

del Rosario

Misterios Dolorosos

(martes y viernes)

La Pasión y Muerte de Jesús

1. Jesús sufre su agonía en el huerto.
2. Jesús es azotado.
3. Jesús es coronado con espinas.
4. Jesús lleva su cruz al Calvario.
5. Jesús muere en la cruz.

Misterios Gloriosos

(domingo y miércoles)

La gloria de Jesús y de María

1. Jesús resucita de la muerte.
2. Jesús asciende al cielo.
3. Jesús envía al Espíritu Santo.
4. María asciende al cielo.
5. María es coronada
   reina del cielo.

Antes de cada estación:
Te adoramos, oh Cristo, y te bendecimos.
Porque tú has redimido al mundo por tu santa Cruz.

1. Jesús es condenado a muerte.

2. Jesús con la cruz a cuestas.

3. Jesús cae por primera vez.

4. Jesús encuentra a su Madre.

5. Simón, el cirineo, ayuda a Jesús a llevar la cruz.

6. Verónica enjuga el rostro de Jesús.

7. Jesús cae por segunda vez.

de la Cruz

8. Jesús habla a las mujeres de Jerusalén.

9. Jesús cae por tercera vez.

10. Jesús es despojado de sus vestiduras.

11. Jesús es crucificado.

12. Jesús muere en la cruz.

13. Jesús es bajado de la cruz.

14. Jesús es sepultado.

Diez Mandamientos

(Catecismo de la Iglesia Católica, Parte 3, Sección 2)

1. Amarás a Dios sobre todas las cosas.
2. No tomarás el nombre de Dios en vano.
3. Santificarás las fiestas.
4. Honrarás a tu padre y a tu madre.
5. No matarás.
6. No cometerás actos impuros.
7. No hurtarás.
8. No dirás falso testimonio ni mentirás.
9. No consentirás pensamientos ni deseos impuros.
10. No codiciarás los bienes ajenos.

Dos Grandes Mandamientos

(CIC 2196)

1. Amarás al Señor tu Dios con todo
   tu corazón y con toda tu alma y
   con toda tu mente y con toda tu
   feurza.
2. Amarás a tu prójimo como a ti
   mismo.

Siete Sacramentos

Bautismo
Confirmación
Comunión
Penitencia
Unción de los enfermos
Orden sacerdotal
Matrimonio

Bienaventuranzas

(Mateo 5:3-10)

Bienaventurados los pobres de espíritu,
porque de ellos es el Reino de los cielos.

Bienaventurados los que lloran,
porque ellos serán consolados.

Bienaventurados los mansos,
porque ellos poseerán la tierra.

Bienaventurados los que tienen hambre
y sed de justicia,
porque ellos serán saciados.

Bienaventurados los misericordiosos,
porque ellos alcanzarán misericordia.

Bienaventurados los limpios de corazón,
porque ellos verán a Dios.

Bienaventurados los que buscan la paz,
porque ellos serán llamados hijos de
Dios.

Bienaventurados los perseguidos por
causa de la justicia,
porque de ellos es el Reino de los cielos.

Las Obras Corporales de Misericordia

Dar de comer al hambriento.
Dar de beber al sediento.
Vestir al desnudo.
Visitar a los presos.
Dar albergue a los que no tienen hogar.
Visitar a los enfermos.
Enterrar a los muertos.

Las Obras Espirituales de Misericordia

Corregir al pecador.
Instruir al ignorante.
Aconsejar al que duda.
Consolar a los afligidos.
Soportar las ofensas pacientemente.
Perdonar toda injuria.
Rezar por los vivos y por los difuntos.

Dones del Espíritu Santo

(*CIC* 1831)

Sabiduría
Entendimiento
Consejo
Fortaleza
Ciencia
Piedad
Temor de Dios

Frutos del Espíritu Santo

(*CIC* 1832)

Caridad
Gozo
Paz
Paciencia
Benevolencia
Bondad

Generosidad
Mansedumbre
Fidelidad
Modestia
Dominio de sí mismo
Castidad

Preceptos de la Iglesia

(*CIC* 2042-43 lista cinco preceptos.)

1. Asistir a Misa los domingos y días de precepto y no realizar trabajos serviles.
2. Confesar los pecados al menos una vez al año.
3. Recibir el sacramento de la Eucaristía al menos por Pascua.
4. Abstenerse de comer carne y ayunar en los días establecidos por la Iglesia.
5. Ayudar a las necesidades de la Iglesia.

(Los preceptos tradicionales incluyen dos más.)

1. Estudiar las enseñanzas católicas.
2. Observar las leyes del matrimonio de la Iglesia y dar educación religiosa a los niños.

El ayuno

(*CIC* 1434, 1438; *Código de Ley Canónica* 1249-53)

La ley del ayuno limita la cantidad de alimento consumido a una comida completa al día. Algún otro alimento puede ser comido dos otras veces durante el día, pero en total no debe ser igual a una comida completa. No se debe comer entre las horas de las comidas. Los católicos mayores de dieciocho años hasta la edad de sesenta años tienen la obligación de ayunar el Miércoles de Cenizas y el Viernes Santo.

La abstinencia

(*CIC* 1434, 2043; *CLC* 1249-53)

La ley de abstinencia requiere que no se coma carne. En los Estados Unidos, las personas mayores de catorce años tienen la obligación de abstenerse de comer carne el Miércoles de Cenizas y todos los viernes durante la Cuaresma.

El ayuno eucarístico

(*CLC* 919)

Para recibir la sagrada comunión, uno debe estar en estado de gracia (libre de pecado mortal), tener la intención apropiada (unión más profunda con Dios), y observar el ayuno eucarístico que consiste en abstenerse de tomar cualquier alimento y bebida (a excepción de agua y de medicinas), al menos desde una hora antes de la sagrada comunión.

NOTA: Para los enfermos, todas las reglas de ayuno y abstinencia son levantadas.

Como celebrar la confesión

Examina tu conciencia

† Revisa tu fidelidad a los mandamientos de Dios y a los preceptos de la Iglesia. Reflexiona sobre la forma en que has pecado desde tu última confesión.

† Decide si vas a confesarte con el padre cara a cara o con una cortina entremedio.

Entra en el confesionario o en la sala de reconciliación

1. Después del saludo del sacerdote, haz el signo de la Cruz y dile, "Padre, bendígame porque he pecado".

2. Escucha la Escritura que lee el sacerdote.

3. Confiesa tus pecados al sacerdote y menciona cualquier otra cosa que tengas en mente con la cual él podría ayudarte.

4. Escucha el consejo del sacerdote y la penitencia que él te de.

5. Reza un Acto de Contrición.

6. Después de la absolución, el sacerdote te dirá que te vayas en paz. Responde, "Gracias, Padre".

Cumple la penitencia que hayas recibido.

Como recibir la Comunión

Opciones

† Decide si quieres recibir el Cuerpo de Cristo en la lengua o en la mano.

† Decide si deseas beber del cáliz de la Preciosa Sangre.

Recepción

1. Acércate al sacerdote, diácono o ministro extraordinario de la Sagrada Comunión.
2. Inclina la cabeza levemente para demostrar respeto por Jesús bajo la forma de Comunión.
3. Responde "Amén" a "El Cuerpo de Cristo".
4. † Para recibir en la lengua, inclina la cabeza hacia atrás, abre la boca, y mueve la lengua levemente hacia afuera.

    † Para recibir en la mano, pon tu mano izquierda sobre la derecha, palmas arriba. Extiende las manos. Cuando la hostia es depositada en tu palma izquierda, tómala con la mano derecha y ponla en tu boca.
5. Responde "Amén" a "La Sangre de Cristo". Toma un sorbo del cáliz.
6. Vuelve a tu lugar en forma respetuosa.

Año Litúrgico

Tiempo Litúrgico	Tiempo	Color
Adviento	Cuatro semanas antes de la Navidad	Violeta; Rosado—Tercer domingo de Adviento
Navidad	Desde la Nochebuena hasta la fiesta del Bautismo de Jesús (domingo después de la Epifanía).	Blanco
Tiempo Ordinario del año	Desde el lunes después de la fiesta del Bautismo de Jesús hasta el Miércoles de Cenizas.	Verde
Cuaresma	Desde el Miércoles de Ceniza hasta la Misa de la Ultima Cena el Jueves Santo	Violeta; Rosado—Cuarto domingo de Cuaresma; Rojo—domingo de Ramos
El Triduo Pascual	Misa de la Ultima Cena del Señor hasta las Vísperas del domingo de Pascua	Blanco; Rojo—viernes santos
La Pascua de Resurrección	Despues las Vísperas del domingo de Pascua hasta Pentecostés	Blanco
Tiempo Ordinario del año	Desde el lunes después de Pentecostés hasta el primer domingo de Adviento	Verde

Días de Precepto

En los Estados Unidos

María, Madre de Dios	1 de enero
La Ascención de Jesús	7º domingo de Pascua (*o*) 40 días después de la Pascua
La Asunción de María	15 de agosto
Todos los Santos	1 de noviembre
La Inmaculada Concepción	8 de diciembre
La Navidad	25 de diciembre

En los diferentes países, consulte su lista local.

Invocación al Espíritu Santo

Ven, Espíritu Santo, llena los Corazones de tus fieles y enciende en Ellos el fuego de tu amor.

Envía tu Espíritu y serán creados, y renovarás la faz de la tierra.

Oh Dios, que has instruido los corazones de los fieles con la luz del Espíritu Santo, concédenos a través del mismo Espíritu que gocemos siempre de su divino consuelo. Por Cristo nuestro Señor. Amén.

Pflaum
PUBLISHING GROUP

2621 Dryden Road, Suite 300
Dayton, OH 45439
800-543-4383
pflaum.com

H4659   rep7-12

ISBN 978-0-89837-197-0

90000

9 780898 371970